60代から
90代の
身軽な住まいと
豊かな日々

人生後半のひとり暮らしを穏やかに楽しむ

smile editors 編

主婦と生活社

contents

No 4

ウリウリばあちゃん

69歳　YouTuber

八ヶ岳の森に暮らして30年。先の心配より今できることを大事にする

No 5

大蝶恵美子さん

87歳　土鍋作家

陶芸も移住も旅行も、思い立ったらすぐに行動。我慢しないで好きなことをやるのがいちばん健康にいい

No 6

本田葉子さん

68歳　イラストレーター

仕事もおしゃれも暮らしも軽やかに変化を受け入れる。「好き」を私らしく

気楽に、自由に、自分らしく。
ひとり暮らしは楽しい！

本書では、60代から90代までの、
ひとり暮らしを楽しんでいる
6人のライスタイルをご紹介します。

価値観はそれぞれ、人生もいろいろですが、
共通することは、自分らしさ。
そして、毎日ワクワクして過ごしていること。

パソコンを始める。
絵を描き始める。

LA COCOTTE

ＹｏｕＴｕｂｅデビューをして日々の暮らしを伝える。
ポジティブな節約を楽しむ。
思い切って移住する。

すぐにできる小さなことから、
ちょっとハードルが高いかもと感じることまで、
いろんなワクワクがあるようです。

これからの主役は自分自身。
自分の気持ちに素直になれば、
今日も明日も明後日もずっと楽しい！
「ひとりは楽しい！　ひとりは最高！」

お金に対する不安はなくなり、
工夫を楽しむ快適な日々に。
ポジティブな節約生活で
心も体も元気に生まれ変わった！

No 1

紫苑さん

age | 73歳

コロナ禍の中で年金の少なさに直面、対策を考える。2020年3月から、月5万円の年金生活を実行し始め、お金を使わずに楽しむ生活の工夫をブログ「ひとり紫苑・プチプラ快適な日々を工夫」にアップして話題に。

Shion

№1 紫苑さん

月5万円の年金でまかなう生活でも、我慢や無理とは無縁。ひとり時間を思う存分満喫する紫苑さんの毎日は、工夫とアイディア、それを形にする楽しさに溢れています。

紫苑さんが暮らすのは、東京23区内の住宅地にある一軒家。散歩の途中でたまたま見つけた築40年の物件を、65歳のときに購入しました。地方新聞社勤務を経て、シングルマザーとしてフリーランスで仕事をしてきた紫苑さん。子どもたちが独立し、ひとり暮らしになって、65歳から受給し始めた国民年金は月5万円。年金が義務ではない時期には加入していなかったための金額です。額の少なさに加え、毎月支払う家賃で貯金がどんどん減っていき、将来に対する不安に押し潰されそうになっていた頃、偶然この一軒家が目の前に現れました。

「地方から上京して以来、ずっと賃貸暮らしを続けてきました。だから家を買うときはとても迷いました。興味は引かれたものの、これまでにない大きな買い物。なかなか踏ん切りがつきません。それが散歩がてら見にくるたび

筋トレ代わりの散歩は日課。季節を感じながら背筋を伸ばして歩く

下：以前は体力維持のためにジム通いもしていたが、今は散歩が筋トレ代わり。集中して作業したあとに、気分転換も兼ねて近所の公園を歩いたり、土手へ上がる少し長めの階段を何回か上り下りしたり。外に出て大きく深呼吸するだけでも気持ちがいい。

に、どんどん価格が下がっていて。結局半年以上迷ったあげく、貯金の範囲内で買える金額になったところで、思い切って契約するに至りました。65歳にして人生で初めて家を買ったわけですが、当時はその喜びよりも、これでとりあえず、毎月の家賃からは解放されるという安堵のほうが大きかったのを覚えています」

あきらめの気持ちで始めた節約生活

中古住宅を購入したことで貯金をほぼ使い果たし、年齢的なこともあってか、それまで細々と続いていた仕事もぐっと減っていきました。そのため月5万円の年金で衣食と光熱費など、すべてをまかなわざるを得ない状況になってしまいます。

そこから〝やむを得ず〟の節約生活がスタート。

「初めは『この少ない金額で、これからひとりで生活しなければいけないのか。パートに出るにしても、果たして雇ってもらえるのかどうか』と、焦りと不安でいっぱいで、眠れない夜が続きました。ところがそんなあるとき、『い

や、考えてみたら、何もしなくても5万円はもらえるのだ。それはむしろありがたいことではないか』と全く逆の考えがふと浮かんだのです。すると少し心が軽くなり、ほんのり希望のようなものが見えてきました。そしてそこからは、お金を使わずにどれだけ豊かな生活を送れるか、ということに目が向いていきました」

ネガティブからポジティブな節約生活に

決して前向きとは言えない気持ちでスタートした節約生活。

このまま不自由で暗い老後が続くのか、と初めはネガティブなイメージを抱いていました。しかし少しずつ実践し、経験値を上げていくうちに、節約は我慢やつらさを強いられるものではなく、心地よく生活するための知的活動だ、と考えが大きく変わります。

「驚いたことに、旬の野菜や、たんぱく質豊富で安い食材を使った食事を続けるうちに、体調がすっかりよくなりました。日々の生活では食材以外のものはほとんど買わないのですが、ときにはプチ贅沢と称して、普段よりちょっ

暮らしを彩り、豊かにするためのちょっとした工夫。作業する時間から楽しさは続いている

公園で拾い集めた落ち葉を、100均で買ったフレームに額装したオリジナルアート。隣に並べた草木プリントとのコントラストも素敵。身近なものも視点を変えれば立派なインテリアになる。

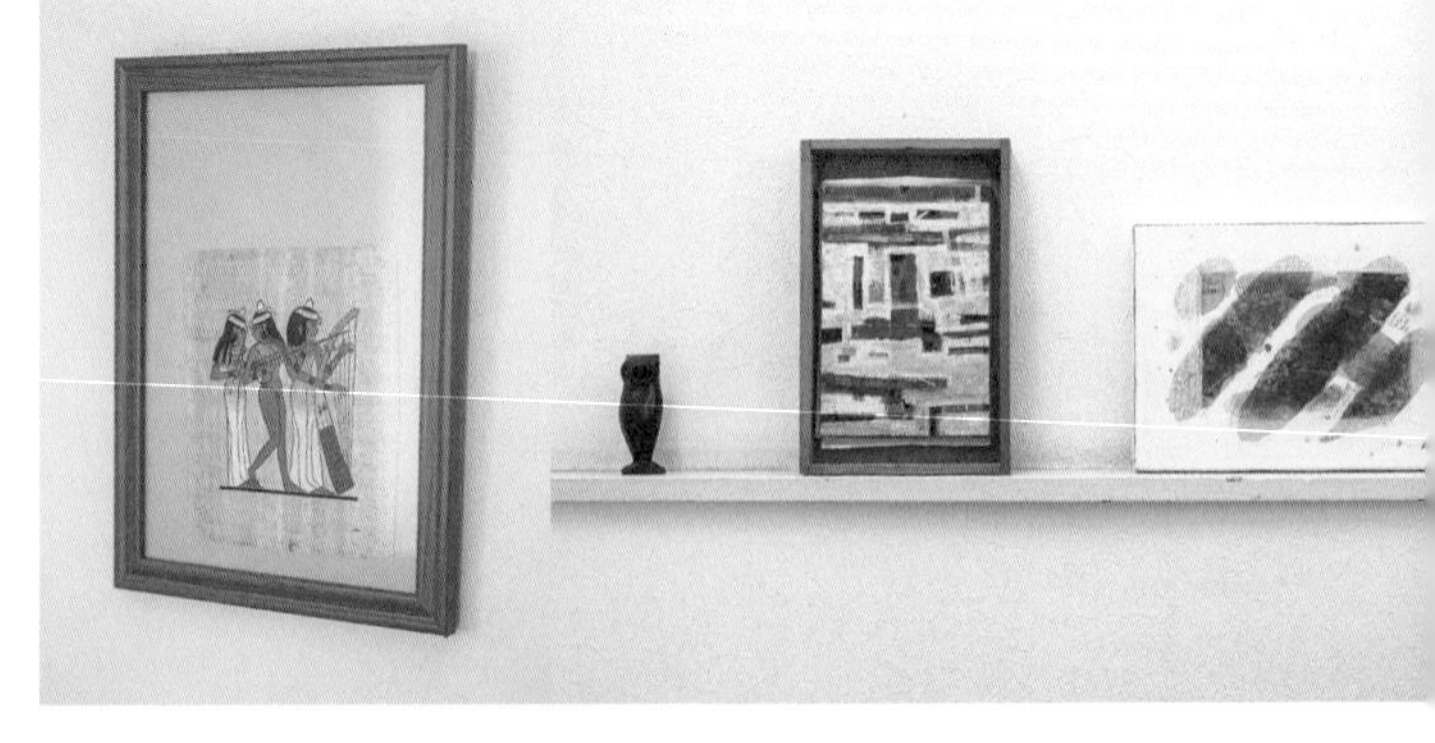

暮らしにおけるアートの大切さに気づいたのは、この家に移ってからのこと。家の中の動線上で自然と目に入る場所には、花や絵画を配置して。目を楽しませるポイントを作ることだけでも、家で過ごす時間がクオリティアップする。

上：初期のDIY作品、調味料棚。木彫りの部分は使わなくなったついたてから切り出してはめ込んだ。小箱の引き出しには取っ手をつけて引き出しやすく。下：PC台として使っていたものにすのこの目隠しを取り付け、収納&調理台に。

限られた食費だからこそ、ちょっとした工夫が大事。上：鶏肉やイワシは塩麹に漬けておくと美味しくなって、長持ちする。下：キノコ類はベランダで天日干しに。この一手間で栄養価も滋味もアップ。

ぴり美味しいものを食べたり、趣味嗜好のために使うなど、限られている分メリハリのあるお金の使い方ができるようにもなりました。そんなふうに過ごしていくうちに、無理や我慢をしなくても、節約しながら楽しい生活をすることができる。節約すること自体を楽しめばいいということに気づいたのです。するとそれからはお金への不安もなくなり、行く先のことを考えて憂えることもなくなって、〝今の自分〟に集中できるようになりました。このように節約生活が私にもたらしてくれた恩恵は、とても大きいものでした。そしてそれは今でも日々着実に増えるばかりです」

食費1万円で、心も体も満たされる

日々更新され続ける〝節約のメリット〟は、それ自体が心地よい暮らしを証明しています。その筆頭が食生活。

「年金5万円という、1か月に使える金額のうち、まずは食費を月1万円と決め、安い・美味しい・簡単・体にいいをテーマに、月1万円でできるレシピを考えるようにしました。シニアにとって重要なのは、筋肉をつくるのに

大切なたんぱく質。そこで鶏むね肉やイワシ、豆腐といった安くてたんぱく質豊富な食材に、旬の野菜をプラスして、さまざまな味付けで調理するように工夫しました。すると2か月を過ぎたあたりから、筋トレ代わりに始めた散歩の効果もあってか、体がしっかりしてきたな、という実感があったのです。もともと胃腸が弱く、太りたい一心で頑張って食べても逆にお腹を壊してしまったりと、なかなか体重が増えないことが悩みでした。そんな私が、筋肉がついてきたせいか体重が増え、顔がふっくらとして肌にハリも出てきたように感じます。さらに食費を抑えるためとの理由もあり、スイーツ類をあまり食べないようにしたことで、長年の悩みだった持病（過敏性腸症候群）もすっかり完治。70歳を超えても食生活を変えることで体は変えられるのだ、ということが身を持ってわかったのは嬉しい驚きでした」

愛着ある服や着物を生かし切る喜び

昔も今もおしゃれは大好きという紫苑さん。でも限られた年金で暮らす生活に、新しい洋服を買う余裕はありません。

食生活を変えたことで、体が変わったのを実感。
節約生活が健康の秘訣！

料理の作り置きはしないのがこだわり。その日の体調によって食べたいものは変わるし、美味しいに便利は優先しないから。簡単に下ごしらえさえしておけば、調理も時短になる。

そこで〝今ある服〟を使って始めたリメイクが、趣味と実益を兼ね備えた新たな楽しみになりました。

「若い頃はお給料が入ればすぐに洋服を買いに行き、それこそ散財していました。節約生活を始めて、着飽きたり古くなったりするとこれまでは当然のように捨てていた洋服を、見直すことにしたのです。たとえばウエストが入らなくなったスカートは、着物の布をプラスしてウエスト幅を広げたら、デザインも一新して見違えるように。顔映りが変化したせいか最近似合わなくなったと感じる服には、襟の部分だけに違う布を足してみる。すると見慣れたアイテムが、新しい服として生き生きと蘇ります。実は洋服より布のほうが好きなのかも、と思うほど、洋服のデザインよりも柄や素材に引かれます。そんなお気に入りの布を、工夫によって違う姿で輝かせることに、大きな喜びを感じるのです」

もともと針仕事が好きで、チクチクやっていると無心になって、時間もうさも忘れてしまうほど。また50代後半からハマったという着物は、着付けから和裁、お茶へと紫苑さんの趣味の幅を大きく広げてくれました。その結果、こぎん刺しのクッションや、古着屋で見つけたスカートを二部式帯にするな

ど、オンリーワンのオリジナルを生み出すリメイクは洋服だけでなく和装にも及ぶことに。

「身につけたときの緊張感と気持ちよさ、そして周りの人目から感じられる少しだけの特別感。着物が大好きになった理由はそんなところにあります。加えてシニアになって思うことは、紬などたとえプチプラでカジュアルなものであっても、着物を着ると、洋服に比べてシックできちんと感が出るということ。少しかしこまった場に出るときなどに、とても役に立つのです。私はリサイクルショップやネットなどで見つけた千円程度の着物でも、堂々と着ています。洋服と違って、着物の良し悪しを見抜ける人はなかなかいませんから（笑）、それでも高価なものと勘違いしてくれることが往々にしてあるのも楽しいものです」

住まいを自分好みにする工夫とアイディア

賃料からの解放と、自分だけの空間という安らぎをもたらしてくれた小さな我が家。あれこれ手を加えて変えることができる、一軒家という自由度の

お気に入りの布たちは
さまざまに形を変えながら
日々の生活に
彩りを添えてくれる

痩せてきた首元を上手に隠してくれる、チャイナカラーのブラウスがお気に入り。着物と洋服の布をはぎあわせたり、同じ形でも布が違うと全く違う印象になるのが面白い。

上右：ウエストゴムならスカートを作るのも簡単。上中：着るには派手になってしまったけれど、大好きな柄の雪花絞りの浴衣はカーテンに。上左：着古した服をパッチワークにしてカーテンにリメイク。左：すべてリメイクした手製の帯。これでオンリーワンの着物の着こなしになる。

高さを多いに活用し、この家をもっと住みやすく、自分仕様に変えていこう。そんな理由から、布を使った簡単な模様替えから大きく発展し、DIYもやるようになりました。

とはいえ節約生活ゆえ、使うのはもちろん100均グッズがメインです。子どもがお絵かきするように、仕上がりは、ちょっぴり「ちゃち」でもアイディア勝負の自由な発想で取り組みます。

「初めは殺風景な家でした。とにかく住めればいい、という気持ちで買ったので、特にこだわりもありません。そんな私がたまたま知人に絵画をいただいたことで、突然DIYに目覚めることになりました。1枚の絵を飾るだけで、部屋の雰囲気がガラリと変わったことから、住空間に手を入れることへの興味が湧いてきたのです。まず手始めに台所には棚を作って置き、そこに使わなくなった小箱の引き出しを差し入れてオリジナルの調味料棚が完成。シンク下の扉には、色違いのリメイクシートを大好きなパッチワーク風に貼り付けたことで印象がガラリと変わりました。長年使用していた3段ボックスには板をつなぎあわせた扉をつけて、アイアンの取っ手をプラスしたら、アンティーク風のいい雰囲気の家具に仕上がりました。2階へ上がる

階段は、角度が急なこともあってあまり好きな場所ではなかったのですが、ここにもリメイクシートを貼ったことで、一気に明るい雰囲気になりました。そのうちＤＩＹ関連のサイトなどものぞくようになり、難しそうに見えて意外と簡単にできることの多さを知ったり。何よりセルフでやれば、お金をかけずに自分好みに仕上げることができるのが大きなメリットです」

自分だけの時間を堪能できる、幸せな毎日

基本はひとりでいることが好き、という紫苑さん。日々を気持ちよく送っていれば、それだけで自然と気分はリフレッシュされて、暮らしは快適なものになります。

図書館で借りてきた本を、お茶を飲みながらゆっくり読む。好きな布たちを自由に組みあわせて、新しい服に仕立てる。次はどこをどう変えようか、工作気分で楽しむＤＩＹ……。すべての時間を自分の好きなことに没頭できるひとり暮らし。紫苑さんの毎日は穏やかな幸せに満ちています。

100均グッズを使ったり、違う家具を組みあわせてみたり。アイディア勝負で楽しむDIY

左上：3段ボックスに木の扉をつけて収納棚に。左下：玄関横のサッシ窓。冬はすき間風が入るうえ、殺風景なのが気になって、和風のステンドグラス風にアレンジ。下：階段に2色のリメイクシートを貼っただけで、ぱっと明るい雰囲気に。この階段は図書館で借りた本の専用本棚にもなっている。

大きくて威圧感のあった本棚を横置きにして、たんすの引き出しを入れて収納にチェンジ。お気に入りのカゴバッグを並べたら、セレクトショップのようなおしゃれなディスプレイ＝見せる収納に。

№ 2

90代の今、とにかく、健康であることが幸せです。自分らしくありのままでいる今が心地いい

大崎博子さん

age | 91歳

昭和7（1932）年生まれ。78歳から始めたX（旧ツイッター）のフォロワー数は20万超え。楽しみは毎晩の晩酌と3日に1回ほどのペースで通う健康麻雀（マージャン）。著書に『90歳、ひとり暮らしの知恵袋』（宝島社）ほか。

Hiroko Osaki

№2 大崎博子さん

70歳で退職してから、78歳でパソコンデビュー。いくつになっても始めるのに遅いことはなにもない。ごく普通の日常に、新しい世界が開き始めました。

70歳まで現役で働き、退職以降は趣味を楽しむ大崎博子さんが有名になったのは78歳ではじめたX（旧ツイッター）がきっかけです。「Xは、ロンドンに住むひとり娘が提案してくれたからです。暇を持て余しているとと思ったんでしょうね」

当時の大崎さんには、仕事という毎日のルーティーンがなくなってから、健康麻雀や太極拳などの趣味で楽しく過ごせる時間はありましたが、漠然とした不安がいつもつきまとっていました。それは、「これからどう生きればいいの？」ということ。娘は海外に住んでいるため、大崎さんにとっては身近ではありません。頼りたいと思ったときに近くにいないのであれば、「誰にも迷惑をかけずに生きていく方法」はなんだろうかと、これからの生き方について考え続けていました。

趣味の麻雀や健康太極拳、近所のスーパーへの買い物にも歩いて出かける。自分の足で歩いて、好きな場所へ行けることも健康でいられるからこそ。日々、健康であることに感謝する。

今、91歳。いつ何があってもおかしくないのに、今が幸せと思える自分が好き

上：お花が好き。撮影をしたら、花の名前を調べてXに投稿。下：毎日通う早朝の太極拳が終わると、近所の友達とおしゃべりをすることも。友達のほとんどは年下で70代。肩肘はらず、自然のまま、心地いい距離感で付き合っている。

78歳でパソコンデビュー。新しい趣味が見つかる

きっかけはパソコン教室でした。「Xを始めてみれば」と娘からの提案があったものの、SNSがどういうものなのか、どのようにやればいいのかは全くわかりません。さらに、娘から「パソコンを使えば、海外でも無料で通話できる」と教えてもらいました。当時は高い国際電話代金を支払っていたので、やらない手はありません。早速、東京・銀座のアップルストア内にあるパソコン教室に約1時間かけて電車で通い始めました。この年になって、本当に覚えられるのかと不安はありましたが、丁寧に教えてくれたこともあり、みるみるうちにパソコンを触ることが楽しく感じるようになりました。

「振り返ると、あのとき、えいやと自分を奮い立たせてパソコンを買い、若い人に混じりながらも教室に通った勇気を褒めてあげたいと思います。今ではXが毎日の趣味として加わり、たくさんの人と交流をもてるなんて、当時は想像できませんでした」

やがて、スマホとアイパッドも加わり、電子マネーやLINEを使いこ

なすように進化していきました。一つの勇気とチャレンジから大崎さんのライフスタイルは大きく変化していきました。

どう思われても気にしない、自分の思うままを表現する

そして、日々のなにげないつぶやきを投稿していくうちに、フォロワーがどんどん増えていきます。今では、フォロワー数が20万人以上。大崎さんが投稿すると、またたく間にコメントが入ります。中でも印象的なのが、「年を取るのが怖くなくなった」、「勇気をもらえる」といったコメント。大崎さんのポジティブな言葉に、たくさんの人が勇気や元気をもらっている様子が伺えます。

「ごく普通に生きてきている私のつぶやきを読んでくれる人が世界中にいる。さらに、自分の言葉が誰かの心を明るくさせたり、ほっとさせたりできるなんてとても画期的です」

住む場所も年齢もバラバラな人たちとの交流は、嬉しくもあり生きる活力になっていきました。その中で大崎さんが心がけていることがあります。

午後は、日の当たる
ダイニングで
Xを投稿したり、
友人とメッセージのやりとり。
穏やかな日常がいい

毎朝の日課である太極拳から帰ってきたら、軽くランチを済ませて、
午後はダイニングでのんびり。日記を書いたり、Xをしたり。

最新のスマホは91歳の誕生日に購入。病気もせず日々頑張っている自分へのプレゼントに。アイパッドはスマホの調子が悪くなった時のための予備。

その日の出来事を手帳に2〜3行書くのが習慣で、なんと20年も続いているそう。

右下、左下：花瓶を集めるのが趣味。お気に入りの花瓶を部屋のあちこちに飾り、季節の草花を飾ることで、心地いい空間ができあがっている。

「たくさんの人が見てくれているからといって、無理に合わせたりしません。さぼりたければさぼればいい。人生には余裕が必要です。誰にどう思われても気にしない、自分の思うままを表現する、それに尽きるだけです」

そういったまっすぐで正直なありのままの自分を信頼しているからこそつむがれる言葉がたくさんの人の心に届きます。実際に、「スマホ依存症だっていい」、「今が幸せと思える自分が好き」、「毎日元気でいられることって、奇跡だと思う」など、ご自身の心情を表現した投稿が多くのフォロワーに支持されています。

あたりまえに毎日のルーティンを送れることが奇跡

大崎さんの朝は太極拳からスタートします。自宅から歩いて15分、公園に集まって1時間ほど太極拳をして、終わったらさらに1時間かけて公園を散歩したり友人とおしゃべり。自宅に戻ったら、お気に入りのエスプレッソマシーンで濃いめのコーヒーを入れてゆっくりといただきます。その時間がたまらなく好き、といいます。朝、目が覚めて、健康的に体を動かせたことに

対する感謝の気持ちが、コーヒーの湯気と共に心にもじんわりあたたかく感じられます。そして午後は、Xを開いたり、ぼーっとしたり、昼寝をしたり、気ままに過ごす時間。
「夕食どきになると、娘から電話がかかってきます。8時間近く時差があるなかで、私に合わせてちょうどいい時間にかけてくれます」
国際電話代を気にせずのおしゃべりも、パソコンの使い方を覚え、LINEアプリを使いこなせるようになったからこそ。離れて暮らしているから、毎日の数十分の会話ができることもありがたく感じることの一つです。

シングルマザーという言葉が当たり前でなかった頃

今はこうやって、毎日の幸せをありがたいと感じる日々を送っていますが、子育て真っ只中の時期はそうは思えませんでした。若い頃は苦労が絶えなかった、いや苦労しかなかったと振り返ります。

「今では、バツイチやシングルマザーであることが何も恥ずかしくない、む

右上：8歳の頃。真ん中が大崎さん。今、96歳になるお姉さんもひとり暮らししているそう。右下：50代の頃、和装の仕事をしていたとき。この頃がいちばん仕事が忙しかった。左上：娘さんを出産した30代の頃。左中・下：1970年代、不動産営業の仕事をしていた頃。旅行に行く途中と仕事中の2枚。

長いシングルマザー生活から おひとり様生活へ。懸命に生きてきました

上：孫の写真を額縁に入れてダイニングに飾っている。下：終活を意識したのは10年前。遺影用の写真は和装と洋服の2パターンで近所の知人が撮影してくれたもの。

しろ勲章。当たり前のことのように語られていますが、私が子どもを産んだ1970年代はとてもじゃないけど、人前では言えませんでした」

元夫とは、ひとり娘を産んですぐに離婚をし、ひとりで育ててきました。

「とても大変でした。特に収入面では、今と違って保障や支援などはなかったですからね。だからこそ、必死で働きました」

無我夢中で働き続ける30代の頃は再婚の話もありましたが、大崎さんはひとりで育てる選択をします。そして、娘が24歳で大崎さんが50代の頃、娘のロンドン留学をきっかけにひとり暮らしをスタートしました。

「娘の留学は、半年の予定でしたが、現地で就職、国際結婚し、そのまま暮らしています。ですから、私のひとり暮らしはもう50年近くになります。寂しいといえばそうかもしれません。ですが、おひとり様な分、ひとりで気ままに生活できています。それは健康だからこそだと、この年になってすごく実感しています。健康であるからなんでもできる。これからは健康でいることが私の仕事だと思っています」

№2 大崎博子さん

好きな言葉は「健康第一」

毎日の太極拳や健康麻雀が大崎さんの健康法です。加えて、昨年、あることがきっかけで、病気に対する意識が変わりました。

「昨年、大腸がん検診で異常が見つかり精密検査を受けることになりました。結果が出るまでのあいだはもう不安で不安で……。眠れぬ夜を過ごしました。そして、結果は異常なし。ほっと安堵したのと同時に、病気について考えさせられるきっかけになりました」

というのも、もしも今、ステージ4のがんになったとしたら、91歳の私に何ができるのだろうか。ただ、死ぬのを待つようなことはしたくありません。だったら、今は健康であるように気をつけ、痛くなったり不調があったら、検査をしたり病院に行こうと決めました。

「病気になったら、どうあがいても病気のことばっかり考えちゃう。そして、人にも迷惑をかけちゃう。人に迷惑をかけずにいるというのも私の大切な仕事。改めて、健康でいるということは幸せなことだと感じています」

今の団地に引っ越してきて二十数年、少しずつ不要なものを手放して自分らしい空間に

いらないものは目につくところに置かないのが大崎さんのルール。上：ベランダには植物がすくすくと。中：寝室は寝るための場所と決めているため、日中はほぼ使いません。だからこそ、行くだけで自然と眠くなるそう。下：リビングで晩酌をしながらテレビを見るのが幸せ時間。

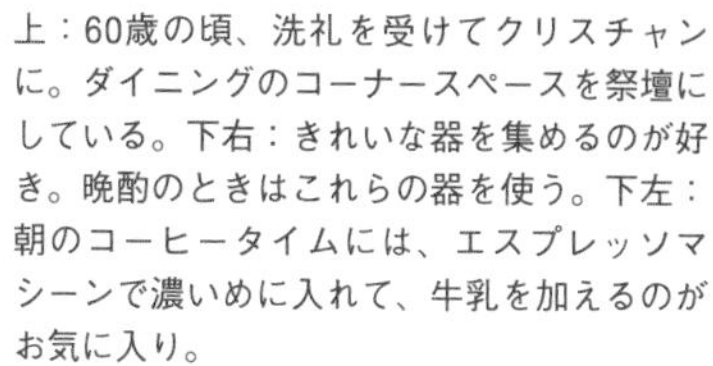
上：60歳の頃、洗礼を受けてクリスチャンに。ダイニングのコーナースペースを祭壇にしている。下右：きれいな器を集めるのが好き。晩酌のときはこれらの器を使う。下左：朝のコーヒータイムには、エスプレッソマシーンで濃いめに入れて、牛乳を加えるのがお気に入り。

好きなことはあきらめず、自分なりのルールで

若い頃から毎晩の晩酌は1日の楽しみ。90代になった今でも続けています。「お酒は健康のバロメーター。おいしくお酒をいただけるってことは健康な証拠です。昔は深酒する日もあったけど、健康を意識し始めてから、缶ビール2本ぐらいまで。適量なら毎日飲んでもいいことにしています」

好きなお酒を我慢してやめることはストレス。だからこそ、節制して適度な量を楽しんでストレスをためないことも大崎さんのモットーです。さらに、自家製のぬか漬けなどのおつまみは、きれいなお皿に盛ることも大事なルーティーン。理由は気分が上がるから。ひとりでも、自宅でも、特別感のない普通の毎日に、気分を上げる工夫がかいま見れます。

さらに、毎日食べているのが米ぬかをいった「いりぬか」。

「毎日、いりぬかをスプーン1杯、ヨーグルトにかけて食べているから、玄米を食べているのと一緒。玄米は硬くて食べにくいけど、粉末のいりぬかは食べやすいし、健康にもいいですよね」

№2　大崎博子さん

きれいでいるのは私なりのマナー

たとえ、早朝の太極拳でもノーメイクで出かけることはありません。毎朝のメイクは、眉毛を描き足し、目尻にアイラインを引くだけ。シンプルながらも、何十年も欠かさない大事なステップです。

「ただ、この年になると、目がたるんできて思うようにアイラインが引けなくて。そこで始めたのが目の周りのスキンケア。入念に続けたら、これまで感じていたアイラインの引きにくさがなくなりました。続けるって大事ですね。いくつになっても、スキンケアの効果が感じられるのはうれしい！」

こうやって、日々の暮らしの中の小さな手応えを感じてアップデートすることで、心地よさを丁寧に選択していく大崎さん。

「Xでいろんな人とコメントのやりとりをしていると、日本人は人の目を気にしすぎるなあと感じます。人のことを気にするとそれだけでストレスになる。ストレスから病気にだってなる。だから、人のことは気にせず、自分が好きなことをやるといいと思います。わが道を行くでいいのです」

毎日の暮らしに、
自分で楽しみを見つけていく。
ひとり暮らしが長いからこそ
身についた知恵がたくさん

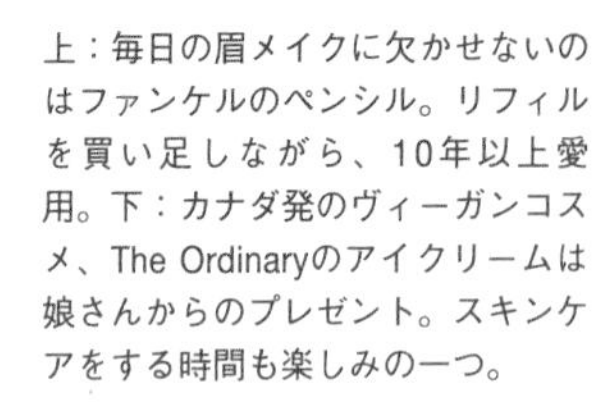

上：毎日の眉メイクに欠かせないのはファンケルのペンシル。リフィルを買い足しながら、10年以上愛用。下：カナダ発のヴィーガンコスメ、The Ordinaryのアイクリームは娘さんからのプレゼント。スキンケアをする時間も楽しみの一つ。

上・下：カラフルなストールやマフラー。「グレーが好きでつい選んでしまいがちですが、できるだけ明るい色を身につけるように心がけています。顔が明るく見えるからね」

右：20年以上使い続けるぬか床に、毎朝、その日に食べる分の野菜を漬ける。左：米ぬかをいった「いりぬか」は瓶に入れて保存。「いりぬかは香ばしくて玄米のような風味です」

この日の晩酌のお供は、自家製ぬか漬けとセロリの和え物。お盆に盛りつけて、ちょこちょこ食べながら飲む時間は至福のひととき。

子育て、お店の経営、そして画家。
どんなときでも自分らしく愛を育み
さまざまな出合いが生まれて
人生が豊かになる

№ 3

浅野順子さん

age | 73歳

1950年生まれ。日本人とスウェーデン人の両親を持つ。60歳を過ぎてから独学で絵画を描き始め、多才なアーティストとして注目を集める。長男は音楽家のKUJUNさん、次男は俳優の浅野忠信さん。

Junko Asano

№3 浅野順子さん

「10年後にこうなっていたいって　ビジョンを合わせていくとなりたい自分になれるのよ」　いくつになっても楽しいこと、やりたいことに出合えます。

63歳で初の個展を開いて画家としてデビュー。以降10年間、年に2〜3回、個展を開催している浅野順子さん。もともと絵を描くのが好きだったこともあり、多いときで一度に50点の作品を出品するという驚異的なペースで創作活動を行っています。

浅野さんは横浜で生まれ育ち、1960年代以降は米兵らが集うバーやナイトクラブで、ファッションや音楽、ダンスといったあらゆるカルチャーを体感。地元の友人だったタレントのキャシー中島さん、モデルの山口小夜子さんらとともに、当時の横浜カルチャーを牽引していた「クレオパトラ党」のメンバーとして一目置かれる存在でした。

自由奔放に青春時代を謳歌(おうか)し、19歳で結婚。21歳と23歳で出産し、2人の息子を授かりました。

暖かな陽が差し込む築50年ほどのヴィンテージマンションは、壁や床が何度も塗り替えられた浅野さんらしい空間。

アトリエを兼ねた この空間で 絵を描きながら 自分らしく暮らす

子育てに追われながらも、米軍のフリーマーケットで見つけた洋服をリメイクしたり、フリマを主催したり。どんなシーンでも自分らしさを忘れないのが浅野さん流。小さな息子たちに古着のリメイクアイテムを着せたり、授業参観でジーンズにヘソ出しのチビTシャツを着て参加したなど、ほほえましいエピソードもたくさんあります。

もちろん、家族に愛情をたっぷり注ぎ、悪いことはきちんとしかり、うれしいことは全力で一緒に喜び、息子たちのことで父親と朝まで激論を繰り返すこともしばしば。他人であっても、困っている人を見るとほうってはおけず、思わず声をかけてしまう……。

浅野さんは母性の塊のような人なのです。

10年先の自分を思い描き、なりたい自分になる

自由を愛する浅野さんですが、実はとっても現実的。中学生の頃から、10年先のビジョンを描きながら、人生を積み重ねてきました。

「世の中の流れって大体10年サイクルでしょう？　80年代、90年代って区切

№3 浅野順子さん

るみたいに。人生って一生で考えると思いどおりにならないことのほうが多いけど、10年単位なら自分の意識や行動でなんとかできる。これまで、節目ごとに10年先はこうなっていたいと思い描いてきたけど、大体そのとおりになっているかな」

結婚して23年、40代に入って子育てを終えた頃、これからの10年を考えた浅野さんは、「そろそろかな」と、家族のもとから飛び立ちました。

年齢的には活動的な時期。「やりたいことがいっぱいある」と横浜から東京へ移り住み、バーや古着屋を始めます。その頃出会ったパートナーと、海外を巡り、サーフィンやスノーボードを楽しみ、洋服のリメイクやサーフボードのデザインを手がけるなど、幅広いことにチャレンジしました。

「バーとか古着屋とかお店をいろいろやるんだけど、それなりに流行っていても私が飽きっぽいから3年くらいしか続かない。時間が決まっていたり拘束されるのがダメだし、お金を数えるのも苦手。やっぱり経営には向かないと分かって、お店は譲りました。楽しかったけどね」

その後、50代に入って落ち着いた頃、母親の介護のために現在暮らすマンションを購入。母親との暮らしに専念して数年後、母親を見送りました。

キャンバスや画用紙を前にするとスイッチが切り替わり、自然に手が動く浅野さん。下絵は描かず紙に映し出されたイメージを筆や指で色を重ねながら、夢中で描いていく。

これまでの経験や毎日の新しい発見を思うまま描く

上：個展に出品した作品。そのときどきでタッチが変わり作風はいろいろだが、豊かな色彩で母性のような温もりを感じる。浅野さんの広い世界観に驚かされる。中：画材はアクリル絵の具を中心にクレヨンやサインペンなどの明るい色を用いる。下：気づくとウェアも手も床も絵具まみれ。

60歳を迎えて人生が熟してきた頃、出会ったのが、ある芸術家。浅野さんが画家になるきっかけを作った人です。

「60歳で恋をしましたね。ミステリアスで佇(たたず)まいが美しくて、ずっと見ていたい感じの人。彼に本格的に絵を描くことを勧められて、キャンバスに向かうようになったんです。このマンションで10年間一緒に暮らして、彼が地元に戻ることになったタイミングでお別れしましたが、本当に感謝しかない。彼に出会っていなかったら趣味でつまんない絵を描いていたと思うし、夢中になれることを見つけられていなかったかも。いい出会いでしたね」

バー、古着屋、洋服のリメイクと、さまざまな経験を経てたどり着いた、自分らしい、いちばんの楽しみが絵を描くことでした。

好きなものが詰まったアトリエが棲家に

ひとりに戻ってからも、浅野さんの創作活動は途切れることなく、ごはんを食べ、掃除や洗濯をするように、今では生活の一部となって続いています。むしろ、自然発生的で溢れ出るように。

№3　浅野順子さん

「これまでの経験とか培ってきたものとかを絵にしているから、とめどない。今でもいろいろ吸収していて、それも絵にできる。いくつになっても描けるなぁって思いますね」

アトリエを兼ねた住まいは、ちょこちょこ手を加えて今の空間に。母親の介護をしていたときは、窓には障子があってキッチン台はロイヤルホスト風の鮮やかなオレンジ色、床は土足禁止の明るくて落ち着いた空間でしたが、それから壁をピンクや白、ブルー、ペパーミントと何度も塗り替え、床は土足にしています。

よく見ると壁にも床にも絵の具が飛び散った跡があり、いろんな色が重なった絵の具の層がアートピースのようで、部屋の雰囲気をおしゃれに演出しています。

「筆を振るように描くから、絵の具が飛び散っちゃうの。だからカーテンも外して、今は布を垂らしているだけ。すぐに汚れちゃうから大変なのよ」

個展の前後は描いた作品で部屋がいっぱいになり、家具や雑貨類が埋もれてしまいますが、本来は好きなアーティストの絵を飾ったり、だるまがいたり、アルミのかわいいボトル缶が置いてあったり。味のある素敵なものが並

GALERIE MAEGHT
MIRÓ

ファッション、車、リメイク……。
絵と同じようにずっと変わらない
好きなものが組み合わさって
自分スタイルに

大きなワンボックスにサビの塗装をしたり若い頃から車が大好きで、今でも運転するのが楽しみのひとつ。「年齢的に運転できなくなったら寂しいね」

右ページ上：古着屋をやっていた頃に自身が制作したリメイクアイテムの数々。下：「ブランドは関係なく、自分がいいなって思ったものを着ている」。スポーツアイテムとデニム、ブーツなど、シンプルな組み合わせでもカッコよく着こなす。

んでいます。ジャンルはバラバラでも、自分に合う使い方を見つけて置いているので、しっくりとなじんでいます。「絵を描く場所もいろいろ」ということもあり、そのときの気分で家具やものの位置が変わり、暮らしに鮮度を与えているようです。

好きなときに好きなだけ絵を描ける今の環境が大事

1日の暮らしは朝5時に起床し、散歩しながら近くの公園へ向かうことから始まります。ラジオ体操に参加して体を動かし、朝ごはん。帰りにファミレスで朝定食を食べたり、自宅で簡単なものを作って食べたり、気ままに済ませています。そのあとは、もっぱら創作タイム。

「描き始めると集中しちゃうから、気づくと日が沈んでいることもしばしば。でも、暗くなってからのほうが筆が動くので気にならない。夜の9時くらいに一度寝ても、夜中にパッと起きて描くこともあります」

晩ごはんは、おなかがすいたタイミングで。近所の喫茶店でさっと済ませたり、作り置いたスープを食べたり。食事の時間も食べるものも、そのとき

№3 浅野順子さん

の気分で。自分の思いどおりに過ごせる今の暮らしを、浅野さんはとても気に入っています。

「自由な時間は人がくれるものではないし、努力で作るものでもない。自分の意識で作るものだと思うの。ときには嘘も方便だし、自分でコントロールしないと生まれないのよ。個展が決まっていると締め切りがあって大変だけど、自分の空間で自分のペースで描けるから全然苦じゃないの。好きなことだしね。だからこの先パートナーができたとしても、一緒に暮らすことはないかな。今の生活スタイルを変えたくないし、この空間でまだまだやりたいこともあるからね」

昨今、田舎への移住ブームもあり、老後の田舎暮らしに憧れを持つ人も多いですが、浅野さんは「全く興味がない」ときっぱり。それほど、ここでの暮らしを大切に感じているのです。

「70歳まで都会にいて、今更友人がひとりもいないところで暮らすなんて私にはできないよ。家にこもってはいるけど、家族や友人が近くにいてコンビニやデパート、飲食店、病院も近くにある。ひとりで不便な場所に行くより安心でしょ?」

自身の作品やお気に入りのアートピースが並ぶ。トルソーにアクリル絵の具で絵を描くことも。

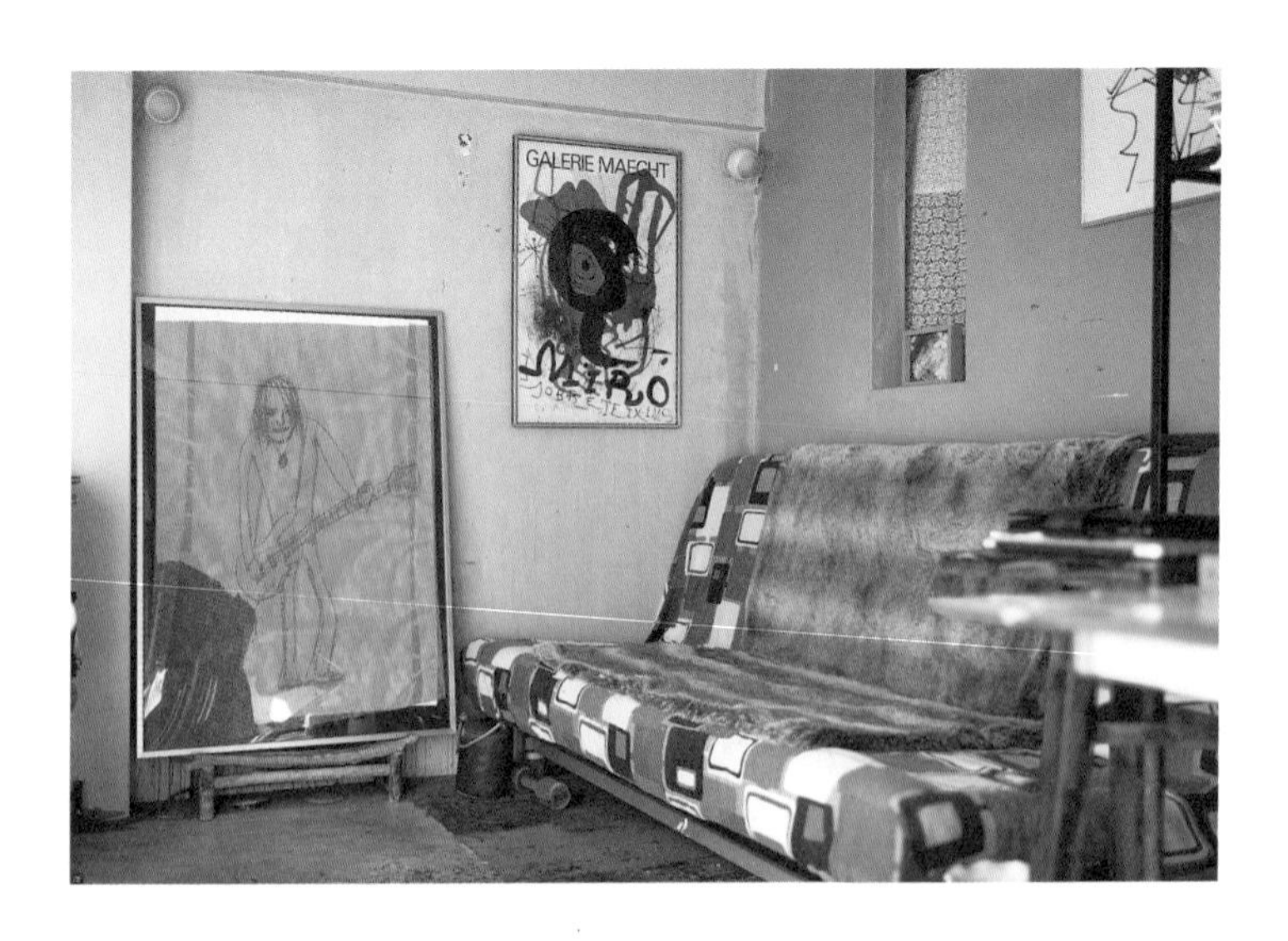

右：ベランダではレモンの木などの植物がすくすく育つ。左：旅立った家族や友人の写真と花を飾り慈しむ。

右ページ下：窓に面したソファコーナー。各コーナーで壁の色を塗り替えている。下：数センチの頃から17年、ヘビのさゆりちゃんは大事な同居人。左：大きなキリンのオブジェに、孫のモデルでアーティストのSUMIREさんと一緒にペイント。

これからは10年先より今を考えて楽しむ

これまで10年先の自分を思い描いて人生を積み重ねてきた浅野さんですが、70代に入ってから人生との向き合い方に少しだけ変化がありました。

「今から10年先は80代。もちろん絵を描いていたいとは思うけど、未知の世界よね。この年になると1年先がどうなるか分からないから、今を考える時期に入ってきたかなって感じています」

絵を描くことで心が満たされて日々幸せを感じている浅野さんは、この楽しさを子どもたちと分かち合いたいと子ども向けの絵画教室を計画中です。

「本格的に絵を始めて10年、いちばんの変化はきれいな丸とまっすぐな線が描けるようになったこと。それまでは、どこか躊躇(ちゅうちょ)していたのか、線がゆがんだり丸がいびつになったりしてたけど、今では迷いなくスッと引ける。それが10年間やってきた成果かな。私は絵を学校で学んでいないから、基本を知らない。でも、きれいな丸と線を描ければ誰でも絵は描けると実感したの」

自分だけのアトリエを好きなことを共有する場所へ。そのために、まずは

№3　浅野順子さん

断捨離から。

「スッキリさせると壁や床もキャンバスになるから、子どもたちと一緒に遊びながら塗り直せる。想像するだけでワクワクするね」

感謝を忘れず、日々の暮らしに愛を注ぐ

常に前を向き、できることを考えてアクションを起こす。そうすることで、自然に好きなことや好きな人を引き寄せて幸せになる。そんな浅野さんの生き方の真ん中にはいつも愛があるのです。

「健康に生まれて、勉強ができなくても考える力と行動力があって、結婚して子どもと孫もいて、今は好きな絵を描いて生活できている。これが私が73年間生きてきた結果。好き勝手やってきて、親や息子たちには申し訳ないって思うこともあるけど、自分のしてきたことは否定したくはないし、私自身は幸せだと思って生きてきたからね。だから、この先の人生も自分次第。そこにはやっぱり愛が大事なの。老後って特には考えないけど、寂しいのは嫌。寂しさは毒になるから、愛を持って大切な人たちとつながっていたい」

右：100年以上前のオーブンつきガスレンジを棚代わりに。左：食器棚には母親が好きだった九谷焼の器や自身が海外などで集めた食器類が並ぶ。下：いろんな野菜を煮込んだスープをカレーなどにアレンジして数日かけて食す。

気が向いたらキッチンに立ち
好き勝手できる
今の暮らしがいちばん幸せ

音楽を聴きながらリズムに合わせて包丁を動かし、パパッとスープを仕込む。絵を描くときのように集中して一気に仕上げていく後ろ姿は、とっても楽しそう。

森と暮らす日常は、誰にも
左右されず、今を精一杯生きて
やりたいことをやる。
毎瞬の幸せを大切にしていきたい

№ 4

ウリウリばあちゃん

age | 69歳

YouTuber・染織家。2018年にYouTubeチャンネル「ウリウリばあちゃんの楽しい田舎暮らし」を開設。著書に『四季折々の八ヶ岳を楽しむ 69歳、しあわせを生み出す自然な暮らし』（ナツメ社）ほか。

Uriuri ba chan

№4　ウリウリばあちゃん

八ヶ岳の森に暮らして30年。好きなことも夢も諦めない、先の心配より今できることを大事にする。ウリウリばあちゃんのエネルギッシュな暮らし方。

ウリウリばあちゃんは八ヶ岳の暮らしを発信するYouTuberです。国立公園にも指定されている山岳地帯の八ヶ岳連峰の森で暮らし、30年以上たちました。18年前には、一緒に暮らしていた息子が大学入学を機に家を出て、ひとり暮らしに。

「起きたいときに起きて、好きなものを食べる生活。誰にも邪魔されない暮らしです。とにかくひとりが好きだと堂々と言えます」

森の中にある一軒家は寒冷地のため、冬は雪かきが大変で、春夏は雑草との戦い。野生動物が花や野菜を食べてしまうので、室内とデッキのプランター以外植えません。薪(まき)割りや家の修繕と、時間と労力がかかることもありますが、それと引き換えにたくさんの充実感や喜びを味わえる暮らしだと感じています。これこそが、ウリウリばあちゃんの望んでいた森の暮らしです。

今日は快晴！
漬物用の野菜を
お日様に
当てているあいだに
山に山菜採りへ

窓からたっぷりの日差しが入るように設計した大切な我が家。
テラスに野菜を干しておくと、野生動物が食べてしまうことも。

好きな場所で暮らすことが幸せ

ウリウリばあちゃんが、八ヶ岳に住むようになったのは、森の中で暮らしたいという望みがあったから。27歳から山梨県の大月で築100年のおんぼろ古民家暮らしをスタート。そこで結婚・出産を経て、生まれたばかりの息子と暮らし始めました。その後、八ヶ岳に念願の一軒家を建て、息子と移り住むことに。ですが、夫はずっと東京暮らし、夫婦別居婚です。

「夫との暮らしは、出産のため、東京で一緒にいた2か月が最初で最後。すぐに別々に暮らし始めました。一緒に暮らそうとか、別々に暮らそうと話し合ったわけではなく、なりゆきでそうなったような感じですね」

東京に仕事があり、都会の暮らしが好きな夫と、田舎が好きなウリウリばあちゃん。双方の希望を叶え、今に至ります。

「だからって仲が悪いわけじゃなくて、仲はいいですよ。夫と会うのは年に数回。私が東京で用事がある時に会います。年に1回のお正月は家族で八ヶ岳の家で過ごすのが恒例。私も夫もこのぐらいの距離感がちょうどいいのか

もしれません。自分の人生を謳歌（おうか）できる時間がたっぷりありますからね」

62歳で見つけた、やりたいこと

7年前からYouTuberとして活動をスタート。これまで投稿した動画は約500本、週1回のペースで更新しています。さらに昨年からラジオ配信（Voicy）も発信を始めました。

「やりたいことがどんどん湧き出て、止まりません。おしゃべりも目立つことも大好きだから、合っていると思います。やればやるほど楽しさややりがいが増していきます！」

子どものように無邪気にまっすぐにやりたいことに向かっていくウリウリばあちゃん。そのパワーは、「好きなことで生きていく」と覚悟を決めた日から止まることなく、保たれています。

YouTubeを始めようと思ったのは、染色の体験工房で働いていた頃でした。

週4日、繁忙期はもっと働くこともありましたが、定期収入が入るのであ

上：「薪割りは、運動にもなるし、薪も作れる。冬のうれしい体が喜ぶ作業」とウリウリばあちゃん。下：天日干しした白菜は漬物にして、菊芋はみそ汁やサラダに。

四季折々の暮らしの
ひとつひとつを
大切にして暮らす

上：そばの実をひいてそば粉に。ライ麦や米などもひいて粉にしてからパンや焼き菓子を作ることも。下：カゴに革の持ち手をつけたリュックを背負って裏山へ。

りがたい仕事。とはいえ、時間を拘束されることがイヤだと感じるようになったのも事実です。「このまま、仕事に追われた生活でよいのだろうか」と自問自答した結果、自分を取り戻すために仕事を辞めました。そして「好きなことを仕事にして自分を生きよう」と、自らに誓いを立てたのです。それが、YouTuberでした。

「最初の頃は、しっかり写っていなかったり、動画の手ブレがひどいと言われたこともあります。だからといって、やめようと思ったことはなく、よし頑張ろうとやる気をもらいました。撮影も編集も自分なりに研究しました」

途中で飽きることもなく、ワクワクしながら続けられることはとても幸せなこと。そんな中、テレビやネットで「ユーチュー婆」として紹介される機会があり、一躍チャンネル登録者が増えるようになりました。

「婆じゃないって思いましたけど（笑）、それでもたくさんの人が見てくれるきっかけになってくれたことには感謝しています。最近では、企業の方から連絡をいただいて『チャンネルで商品を紹介して欲しい』とオファーが来るようになりました。それもありがたいですね。ただ、まだYouTuber

としての収入では生活できていないですから、伸び代はありますよね！」

自分で作ったものを食べたい

YouTubeの動画でもたびたび登場する、森の暮らしでの食生活は、どこまでも手作り。そばを食べたい時は、そばの実を臼でひき、麺を手打ちします。みそや調味料も手作りしています。さらに、玉ねぎやみかんの皮を粉末にしてふりかけにしたり、シソでジェノベーゼソースを作り置きしたり、その種類には驚かされます。

「手作りにこだわるのは、なるべく素性がわかったものを使いたい、食べたいという気持ちから。でも、いちばんの理由は、出来合いの同じレベルのものと比較するとたいていは安上がりになることです」

節約も視野に入れながら等身大に暮らしを楽しむ様子が、多くの視聴者の心をつかんでいるのかもしれません。

そして、ひとりで元気に暮らしていくにはやはり健康がいちばん。毎日の晩酌をやめて、できる時は16時間断食を実践しています。

上：お気に入りのサンルーム。
下：太陽が降り注ぐ、明るいオープンキッチンのダイニングルーム。調理している人がみんなと一緒にいられる空間がいいと、ウリウリばあちゃんの想いを形にした場所。

好きな暮らしを配信できる仕事で楽しくて充実した毎日に

YouTubeチャンネル用の動画は自分で撮影。暮らしのひとこまを紹介しているが、ネタが尽きることがないのは、日々楽しく、充実している証。

チャンネルの更新は1週間に1本ペース。企画や編集もすべてひとりでこなすため、それだけでも忙しい毎日。

「晩酌をしていたときは、夜中に何度も起きてトイレに行く日が続いていました。眠りも浅くなっていいことがありません。思い切ってやめたら、酒代に月1万円以上使っていたお金も浮き節約になりました」

16時間断食をする日は、朝ごはんは7時、2度目は午前10時頃、1日の最後の食事は午後3時頃に終わるようにしています。夜8時か9時に寝るので、3時のあとに何も食べないのはそれほど大変ではありません。そのおかげで、体は軽く、ストーブの薪割りや山へ山菜を取りに行くのも、ちょうどいい運動に感じ、体は活力に満ち溢れています。

毎日の食事には発酵食品を必ず

毎日の食事には、酵素玄米と発酵食品が並びます。ウリウリばあちゃんが発酵食品に目覚めたのは、3・11以後です。長崎の爆心地近くの病院で塩と玄米とおみそ汁で、原爆症をほとんど発症させなかった医師・秋月辰一郎先生のことを知り、発酵食品、玄米の偉大さを痛感しました。

「食事の基本は、1日2回の具だくさんみそ汁です。鉄鍋に野菜と肉類を入

れてぐつぐつ煮込み、火から下ろして食べる直前にみそを溶かし入れていただきます。みそ汁じゃなくって煮物みたいっていう人もいるんですが、それぐらい具だくさん。栄養やバランスを特別に考えなくても、具だくさんで入れたら結果的にいろいろ整うでしょ」

最近では、魚の脂分が認知症にいいと聞き、刺身または煮魚を積極的に食べるようにしています。そこに、作り置きしたおかずをいくつか並べ、発酵玄米を茶碗に盛ったら、完成。

「私がその日に調理をするのはおみそ汁だけ。あとは全部作り置きに頼ります。小魚煮やピクルス、ザワークラウトなどなど、数えきれないぐらい冷蔵庫に常備しているんですよ。これだとひとり分の食事の用意も簡単です」

染織家としての新しい目標

ウリウリばあちゃんには、YouTuberともうひとつ肩書きがあります。それは「染織家」。染織家とは、植物などの自然素材を用いて、糸を染めて布を織る仕事。自宅には織り機と工房があり、自ら染めて織った服や小物を

毎回の食事は発酵食品を必ず。手作りの調味料とみそで、自分好みの仕上がりに

右：左から大豆、ひよこ豆、小豆の手作りみそ。3種のみそで味を変えて楽しむのがウリウリばあちゃん流。左：柿酢や豆乳マヨネーズにニラしょう油など、数十種類の手作り調味料。市販で買うのはケチャップとソースぐらい。

右：友人から教えてもらった、マチュピチュ風調味料。玉ねぎとレモン、パプリカをみじん切りして塩に漬けもの。中：自家製納豆には豆乳マヨネーズをたっぷり。左：1日2回は必ず食べる具だくさんみそ汁。

この日の昼食は、小魚の佃煮、酢れんこんなどの作り置き常備菜とみそ汁、刺身、酵素玄米。常備菜をたくさん冷蔵庫に入れておけば、時間をかけずあっという間に品数の多い食事に。

ネットショップやイベントで販売しているのです。それが今はメインの収入源。その収入でYouTube用の機材や動画編集用ソフトを買います。そうやって、得意なことと好きなことを掛け合わせながら、お金を循環させています。

「染めに興味を持ったのは中学生の頃。大好きなお姉さんにもらったお下がりのブラウスを紅茶に塩を入れて染めたのがきっかけです。きれいな赤みのある茶色に染まって感激しました！　当時はネットもない時代。試行錯誤しながら、染めを楽しんできました、それが私の原点です」

作るものは洋服にとどまらず、帽子、カーテン、マット、etc. 織から あるいは染めから一貫して作るのがウリウリばあちゃん流。たくさんアイディアが浮かび、浮かんだものはどんどん作る実行力が自慢です。

「今後は、若い人にも染めの素晴らしさを伝えていけたらと思っています。たとえば、柿渋は防カビ、防水や防虫など、素晴らしい効能があります。化学物質を含まない天然素材だから、肌にも人体にも無害な染料です。そういった、日本古来から使われるものの良さを伝えていきたいです」

先々のことを心配せず、今を楽しく生きる

「世間的には60代、70代の人が将来の夢を語るなんて、おかしいと思われるかもしれません。ですが、夢があるからこそ今が楽しく生きられると思っているんです。私は、この先やりたいことや夢がたくさんあります」

その1つがパントマイム。パントマイムを自身のYouTubeチャンネルで披露したいと思っているそうです。さらに、海外の人から動画へのコメントをもらったのがきっかけで、英語の字幕をつけるようになりました。合わせて、アプリで英語の勉強もスタート。

「正直、英語の字幕をつけるのは手間がかかる！　それでも、世界中の人に見て欲しいと思っているし、なぜかアイスランドの人がすごくたくさん見てくれているようなので、励みになります」

アイディアがぽんぽん湧き出て、実践するバイタリティーは、やはり「自分の好き」に一生懸命向き合っているから。これからも、ウリウリばあちゃんの心のおもむくままに「好き」「楽しい」を追求する旅は続きます。

季節ごとに開催されるクラフト市に出店するのは楽しみのひとつ。染めたり、織った布地にプラスアルファのデザインを加える。

右：20代の頃から使っている織り機。左下：（右上から時計回りに）藍や山桃などいろんな素材で染めたシルク糸を使って織ったストール。ネットショップで人気の藍染めトップス。市販のトートバッグを柿渋で染めて革でアレンジ。柿渋の風合いがかっこいいワンピース。

作っているときのワクワク感と出来上がってからの満足感。手作りバンザイ！

№ 5

尽きることのない好奇心を
大切にしながら
自分らしい暮らしの
しまい方を考える

大蝶恵美子さん

age | 87歳

1936年、静岡県生まれ。静岡大学理学部卒業。学習塾を営むかたわら陶芸を始め、イタリアの工芸高校などに学ぶ。八ヶ岳山麓（さんろく）に窯を開き、後にギャラリー「大蝶山荘」を開設。料理を美味しくする土鍋を作り続けている。

Emiko Ochyo

№ 5 大蝶恵美子さん

「我慢しないで好きなことをやる。それがいちばん健康にいい」
陶芸も、移住も、旅行も、思い立ったら即行動する大蝶さん。
年を重ねても好きなことに打ち込む姿が輝いています。

土鍋作家、大蝶恵美子さんが暮らすのは山梨県の八ヶ岳のふもと。豊かな自然に囲まれた山の斜面に、ギャラリー併設の住まいが建っています。広大な敷地内には桜やシャクナゲなどが季節になると花を咲かせ、山菜や薬草が自生し、野生の動物の気配も感じます。

「庭で野菜を育てているけど、いい感じに育ったのを見計らうように、野生の鹿が食べに来ますよ。それくらい自然が残ったエリア。何もないけど、地元の野菜は美味しいいし、季節の移ろいを肌で感じることができます」

晴れた日は美しい富士山が望める絶好の環境。静岡県出身の大蝶さんにとって富士山は日常の風景になくてはならない特別なもの。毎日眺めて癒やされています。

「最初は静岡側から見る富士山がいちばんだって思っていたけれど、長年

土鍋が暮らしの真ん中に。
ふんわりと湯気が立ちのぼり
美味しい風景を見せる

たくさんの土鍋を料理に合わせて使い分ける。「昔から力だけはあるの」と、
3kg以上ある重い土鍋もひょいっと持ち上げて、手早く仕込む。

こっちで暮らしていると、ここから見る富士山のほうが整って見えると思うのね。暮らしの一部になっているからなのか、不思議ですね」

偶然の出会いから終の棲家へ

大蝶さんがこの地に移り住んできたのは40年以上前のこと。当時は故郷の静岡県で学習塾を経営し、休日に母親とたまたまこの地を訪れました。ふらっと立ち寄った直売所で野菜を購入した相手が、何と現在暮らす土地の持ち主。話をしているうちにこの土地が売りに出されていることを知りました。きれいな花やおいしい野菜、美しい風景に引かれて、土地の購入を決断。工房を兼ねた別荘を建て、週末になると母親と滞在していました。

陶芸は20代後半に趣味で始め、塾経営で忙しくしていた30代前半にイタリア旅行で訪れた陶器の街・ファエンツァで、著名な現代陶芸家、カルロ・ザウリ氏に出会ったことが大きな転機となりました。

「本当に偶然ですが、彼に陶芸が好きなら学校においで、と誘われまして。それから、年に一度お休みを取ってイタリアの学校に通い、ヨーロッパの窯

№5 大蝶恵美子さん

を訪ね歩きながら陶芸を学びました。10年くらい続いたかしら。ここに別荘を構えたのもその頃で、窯を備えた工房を作りました」

すっかり陶芸の魅力にはまった大蝶さんは、塾で生徒たちに教えるかたわら、休日には工房で作陶に没頭します。数えきれないほど静岡と山梨を行き来していましたが、母親の介護をきっかけに八ヶ岳に拠点を移します。

「塾の仕事はセーブして、ここで母と一緒に過ごしました。10年くらいですかね。大変なことはあったけど、つらくはなかったですよ。母は料理上手でお花が大好き。一緒にできることもたくさんありましたからね」

土鍋作家として生きる

大蝶さんが56歳のときに母親を見送り、しばらくは塾の仕事をしていたものの、抜け殻のような状態に。そこから抜け出すきっかけになったのは、やはり無心になれる陶芸でした。

「それから、60歳で埼玉にある専門学校に3年間通い、学校の近くにアパートを借りて、平日は陶芸を学んで週末は静岡の塾で子どもたちを教えるとい

四季折々の風景を
楽しみながら
八ヶ岳山麓の自然に
寄り添う暮らし

見晴らしのよい高台に建つ「大蝶山荘」。春になると野花や樹木の葉が芽吹き、緑深いオアシスに。軒下には薪が積まれている。

長年愛用している自慢の薪ストーブ。部屋を温めながら料理を作れる優れもの。「体の芯から温まります」

10年以上一緒に暮らす愛猫キキ。ごはんや散歩の時間が大体決まっているので、キキの行動が時計代わりに。

う生活をしていました。私は理系の人だから、土や釉薬の配合といった科学的なことはお手のもの。陶芸に向いていたんですね。体力的には若い人たちにかなわないけど、大皿も作っていましたし、土鍋の制作を始めたのもこの頃です。きっかけは自宅で使っていた土鍋が壊れて、買いに行くより自分で作ったほうが早い！　と思ったから。でも、学校では土鍋の作り方は教えてくれませんから、最初は手探りでした」

専門学校を卒業して塾を閉め、陶芸に専念。試行錯誤しながら料理を美味しく作れる大蝶さんならではの土鍋を目指しました。そうしてたどり着いたのが、昔ながらの土鍋に、水なしで調理できる無水鍋の強さと、食材の水分を対流させるタジン鍋のふたの優秀さを付加した「大蝶鍋」です。

「土鍋は、煮る、焼く、炒める、炊く、蒸す、と何役もこなしてくれるし、何より料理が美味しくなる優れた道具。おかゆなんて、とろとろにできて最高ですよ！」

大蝶鍋は、ぽってりとしたフォルムに、丸みを帯びた円すい形のふたが特徴。厚みがあってずっしりと重く、大きなふたでしっかり密閉できるので、じっくり加熱して素材の美味しさを引き出します。プロの料理人や料理家も

№5 大蝶恵美子さん

愛用する魔法の土鍋です。

土鍋が日々の食事を支える

そんな土鍋で大蝶さんが作るのは、慣れ親しんだ母親の味です。

「母が料理を作るのが好きだったので、私は食べる専門でした。今はひとりなので自分で作っていますが、日々のごはんは小さい頃から食べてきた記憶の中にあるものを使い回している感じですね」

食卓に並ぶのは、この土地ならではの自然の恵み。春先はフキノトウやワラビ、行者（ぎょうじゃ）にんにく、わけぎをはじめとする山菜や薬草を採集し、家庭菜園で育てた野菜のほか、地元の直売所で購入したものを使います。

「春になって暖かくなると、庭先にテーブルを出して食事することもあります。自然の中だとおにぎりだけでも、すっごく美味しく感じるの。土鍋で炊いたごはんならなおさらです」

最近はおっくうになり、料理の回数が減っているそうですが、それでも週に1度はキッチンに立ち、1週間分の料理を一気に調理しています。6つの

何通りにも活躍する万能な土鍋。ごはんはふっくら＆ツヤツヤで、みそ汁があれば十分満足。野菜は焼くだけで立派なごちそうに。

作るときもいいけど、食べるときもいい。土鍋で暮らしが軽くなる

土鍋でカレーや煮物などを作り置き、順番に食べていくのが習慣です。

「もともと、掃除や片づけが苦手で、後回しにするタイプだから、料理をまとめて作ったほうが後片づけも楽になるでしょう？　今は好きなことだけやるのが健康にもいいと思っています」

暮らしを豊かにする手作りの家

土鍋を本格的に作るようになってから、母家の一角をリフォームしてギャラリーに。リビングとキッチンは、仲間と一緒に増築したお手製です。

「昔からお金がないのは当たり前で、欲しいものは何でも手作りしてきましたから、増築も私にとっては特別なことではありません。自分で建材を調達して、元大工の友人に指導してもらいながら楽しく建てました。キッチンの食器棚もリビングの飾り棚も自分で作っています」

リビングにはアイアン製の大きな薪(まき)ストーブを設置。薪に火をつけるのは難しそうですが、大蝶さんは手慣れたもの。軒下に積んである薪を窓からさささっと取り込んで、ストーブにくべて着火し、小窓から火の様子を見ながら

№5　大蝶恵美子さん

調節します。薪は庭木の剪定（せんてい）で出た木材を利用しているのでとっても経済的で、冷え込む冬場の欠かせない暖房器具になっています。

「アイルランドの料理ストーブで、脇にオーブンがついています。これで丸鶏を焼いたら最高においしいですよ。広い天板には、土鍋をずらっと並べられて同時に調理できる点も気に入っています。薪のパチパチと弾ける音や赤く揺れる炎にも癒やされますね」

ギャラリーと居住スペースには、味わい深い家具やランプが並んでいます。古道具好きなのは母親譲り。どっしりとした階段たんすや漆（うるし）の箱など、母親の〝好き〟が詰まった空間は、大蝶さんが心穏やかに過ごせる場所です。

隣人や友人との絆を大切に

高齢者の田舎のひとり暮らしでは、何かと不便なことが出てきますが、大蝶さんの周りには、生活のあれこれをサポートしてくれる友人がたくさんいるため、不安に感じることはありません。買い物があれば車を持っているご近所さんにお願いし、パソコンの使い方は年の離れた友人に教わり、流行

右上：居住スペースの玄関の重厚な引き戸も古道具屋で購入し、自分で設置。左上：母親が好きで買い集めていた古道具のひとつ。「傷もので格安だったけど、いい味わいに」。下：大蝶さんお手製の食器棚。奥行きが浅く、ものが出し入れしやすい造りに。使いやすいように作れるのもDIYのいいところ。

上：仲間と増築したリビング。最近はお茶を飲みながらお気に入りの YouTubeを観るのが至福の時間。下：ギャラリーにも古道具のランプや置き物が。大蝶さんの作品となじんでいる。

暮らしのサイズに
合わせながら
自分らしく手を加え
カスタマイズ

りのAIスピーカーも使いこなしています。

「パソコンの設置も全部していただいて、仕事のメールもスムーズになりましたし、画像編集ソフトの使い方も教わりました。メルカリやヤフオク！も利用しますし、YouTubeも大好き。世界のニュースや面白い情報が手軽に見られて刺激になります。先日もYouTubeで観た、外国人旅行者のあいだで流行っているカレーチェーン店にひとりで入ってみましたが、辛さやトッピングが選べておもしろかったです。海外の人や若い人の感性や視点は、私世代とは全く違っていて、とても楽しいですね」

数年前には友人に誘われてモンゴルへ。憧れのゲル（移動式天幕住居）に宿泊して素敵な時間を過ごしました。日々の暮らしでは週に一度、ヨガ教室に通うことが習慣に。土鍋でつながった人がここを訪れることも多く、親しい人たちと一緒に食卓を囲むことも元気の源になっています。

この先の暮らしのしまい方を考える

3年ほど前からは終活と向き合い始め、暮らしのしまい方を模索中です。

№ 5　大蝶恵美子さん

「元気なうちにやっておかないと、残された人が大変でしょ？　ひとり暮らしですが、ものが多くて仕事場もある。少しずつ小さくしていい状態で渡したいから、あれこれ身の回りの整理を始めました。最初は大変！　って思いましたが、片づけ始めたら、ああ終われるんだ！　と、何だかうれしくなりました。身軽になるっていいことですね。そのうち工房を閉める日も来るでしょうね」

とはいえ、土鍋作りは継続中。以前よりペースは落ちたものの、小さいものを中心に少しずつ制作しています。最近は新たに土瓶作りに興味を持ち、土作りから試行錯誤を繰り返しているといいます。

「体力的に大鍋は作れなくなりましたから、できるものを少しずつ。私自身、ひとり暮らしなので、ひとり用の鍋があるといいわよね。この年になっても好奇心は旺盛なんですよ。旅行にも行きたくて、今はお遍路さんをすることが目標です。そんなことを考えながら片づけをしています」

いくつになっても、どんなときでも、やりたい気持ちに正直に。大蝶さんの探求心はまだまだ尽きません。

人生も土鍋も
試行錯誤してこそ
自分らしいものになる

上：ずっしりと重い土鍋を窯から出し、仕上がりを確認する大蝶さん。右下：土鍋のサイズに合わせた型の数々。左下：今夢中になっている土瓶の試作品。水を入れて放置し、もれなどをチェック。

上：母家の上に建つ工房には、1日こもることも。ここからたくさんの土鍋が生まれている。下：こちらが「大蝶鍋」。煮鍋や壺鍋、平底焼鍋、ごはん炊き鍋など、種類とサイズがいろいろある。

軽やかに変化を受け入れる。
仕事もおしゃれも暮らしも
「好き」を私らしく

№6

本田葉子さん

age | 68歳

1955年生まれ。大学卒業後、イラストレーターに。著書に『おしゃれと暮らしのレシピ ホホホと粋に生き残る』、『本田葉子のぬり絵deおしゃれ あなたのBookクローゼット 春夏編』（ともに東京新聞出版局）ほか多数。

Yoko Honda

No 6　本田葉子さん

「ある程度、自然の流れに身を任せたほうがうまくいくんじゃないかな。先の心配はしない」何事も受け入れるおおらかさが、豊かな人生を支える。

ひとり分の朝食やファッション、日々のあれこれをSNSに投稿している本田葉子さん。ブログ歴は、なんと18年。等身大の暮らしぶりや自分らしいおしゃれを楽しむ姿は、自然体で軽やかです。

25歳で大学の同級生と結婚し、2人の子どもを授かった本田さん。小田原へと引っ越してきたのは、夫を見送った7年前。娘はすでに独立していたため、義母、息子、愛犬との古民家での生活が始まりました。ほどなくして義母と愛犬を看取り、息子も独立。約1年前に、現在の3DKの公営の集合住宅へと移り住みます。

「以前住んでいた古民家も気に入っていたけれど、ひとりになったら大きな家に住む必要もなくなった。持続可能な家賃と面積ということで、偶然見つけたのが今の住まい。私にとって大事なのは、暮らす場所よりも暮らし方。

コンチョベルトをアクセントにした、さわやかな春スタイル。「家族のものを必ず1点身につけるのが、こだわりの外出ルール」

日課になっている散歩。「自然豊かで新宿までは1時間半。小田原は、暮らすのにすべてがちょうどいい」

どう楽しく、心地よく暮らすか。たまたま小田原に移り住むことになったのだけれど、小田原の海と山と畑のある雰囲気が気に入っています。近所には地元野菜の無人販売所があったり、学校帰りの子どもたちが、見知らぬ私にも〝こんにちは〟と声をかけてくれたり。早く地元に慣れるように、引っ越してすぐ体操教室にも通い始めました。運動もするけど、おしゃべりするためにね（笑）」

こうして始まった独身時代以来のひとり暮らし。暮らしの変化にすっとなじむ柔軟さは、心の持ちようにあります。

「ある程度、成り行きに任せて、なんでも起こったことは受け入れたほうがうまくいく気がする。無理に曲げようとしないでね。今の暮らしも、意識的に見直したり変化させていったことではありません。ただ自然と同居の家族の人数が減っていったから、そうなっただけ。夫が病気になったときも、もちろん悲しくて残念だったけれど、〝治す方向に向けばいいだけじゃん〟と。わりと、切り替えは早い方かな。仕事もそう。もともとは挿絵だけを描いていたから、今みたいに洋服については描いていなかったの。あるとき、編集の方に〝本田さん、好きなおしゃれのことを描いてみれば〟と言われたのが

№6 本田葉子さん

きっかけ。ホントに？ じゃあ、やってみようと。それで『おしゃれのレシピ』の新聞連載がスタートしたんです」

変化を受け入れる。迷っているくらいなら、身を任せてみる。そんな肩の力が抜けた気負いのなさ、身軽さが本田さんの人柄を物語っています。

好きなものとともに過ごす、心地よい部屋

引っ越しを機に行ったのが、身の回りの整理。家具、家電、食器、洋服など、「これから本当に使うのか？」を選定基準に、暮らしをコンパクトにしていきました。一生モノと思って買ったテーブルや椅子などは手放し、残ったものは母の足踏みミシン、父の小引き出し、夫のキャビネットや机、オーディオなど、家族がかつて使っていた古いものたちでした。

「壁に飾ってあるニットベストは、40年程前、母が孫のために作ってくれたハンドメイド。そこに、娘や息子が子どもの頃に着ていた服のボタンを縫い付けてるの。洋服は取っておけないから、ボタンだけでも思って」

部屋を見渡すと、本田さんお手製のものも目につきます。

上：仕事部屋のあちこちに並ぶ観葉植物。「グリーンと古い家具は相性がいい」。下：キッチンのカーテンは、余り布を使った手作り。色&柄違いが愛嬌(あいきょう)たっぷり。

いろいろ手放したら好きなものに囲まれて暮らせるように

上：母が持っていた白いレースのハンカチを、カーテンにアレンジ。下右：70年以上前の足踏みミシンは、母の嫁入り道具。下中：友人からもらった犬型貯金箱。スウェーデンの銀行がノベルティとして配ったもの。下左：バルコニーにも大好きな草花がたくさん。

「布、特にレースが大好き。引っ越しの際に出てきた母のレースの小さなハンカチも、カーテンにアレンジ。ちょうどカーテンの幅が足りなかったので、しまっておくくらいなら使ったほうがいいと思って。ソファカバーも日々、育て中。隙間時間を見つけては、はぎれ布をチクチクしています」

生活に彩りを添える、季節のしつらえも忘れません。

「お正月、ひな祭り、クリスマスなど、歳時記的なイベントには乗っかるように。別にやらなくてもいいことだけど、〝いいや〟と思ったら、それまで。部屋に小さく飾るだけでも暮らしが豊かになるし、何か飾ったりしたらみんなに見せたいと思う。SNSっていいよね」

おしゃれは生きがい。生活そのもの

子どもの頃から、手作りが大好き。高校時代は、紙粘土で玉のビーズを作っていました。おしゃれに関しては、夫の影響が大きかったかもと振り返ります。雑誌『オリーブ』が大好きだった本田さんと、雑誌『ポパイ』や『ブルータス』好きだった夫。愛読書は、1970年代にアメリカで出版された『チー

№6 本田葉子さん

プ・シック』という本でした。自分らしいファッションをとことん楽しむ極意がまとめられ、22歳の頃から、そして今もファッションバイブルとして大切にしている1冊です。

本田さん流おしゃれの基本は、「デニムやシャツなど、ワードローブの軸となるベーシックなアイテムはよいものを」、「小物で変化と彩りをつける」です。さらに、ファッションにまつわるマイルールもあります。

「ピアスを毎日つける。これは21歳頃から、ずっと続けていること。自分で手作りすることも。簡単なのよ。ボタンの足をカットして、ピアス金具に接着剤でつけるだけ。うっかり左右で色が違うボタンピアスを作ってしまうこともあるけれど(笑)。なるべく素材は買い足さず、あるものを活用するようにしています。自分なりに外出ルールというのもあって、父や夫が愛用していた腕時計、帽子など、必ず、家族のものを1点身につけること。これも、しまい込むより使っていきたいから。あとは意識的に、昨日や一昨日とは違う格好をするようにすること。着心地がよかったり着やすいと、ついつい同じ格好になりがちだから。昔から大好きな白パンツは、何にでも合わせやすく、1年中、着回しています。最近はH&Mで見つけた、ペインター風の

上：通称、もじゃもじゃバッグ。「バッグは一目ぼれが多い。クセのあるバッグが好き」。中上：断捨離して、アクセサリーも厳選。中下：１年中、愛用している白パンツ。真ん中のハーフパンツは、ビラボンのメンズ。レギンスと重ね履きすることも。下：腕時計好きだった夫の愛用品、旅先で買ったものなど、思い入れのあるものばかり。

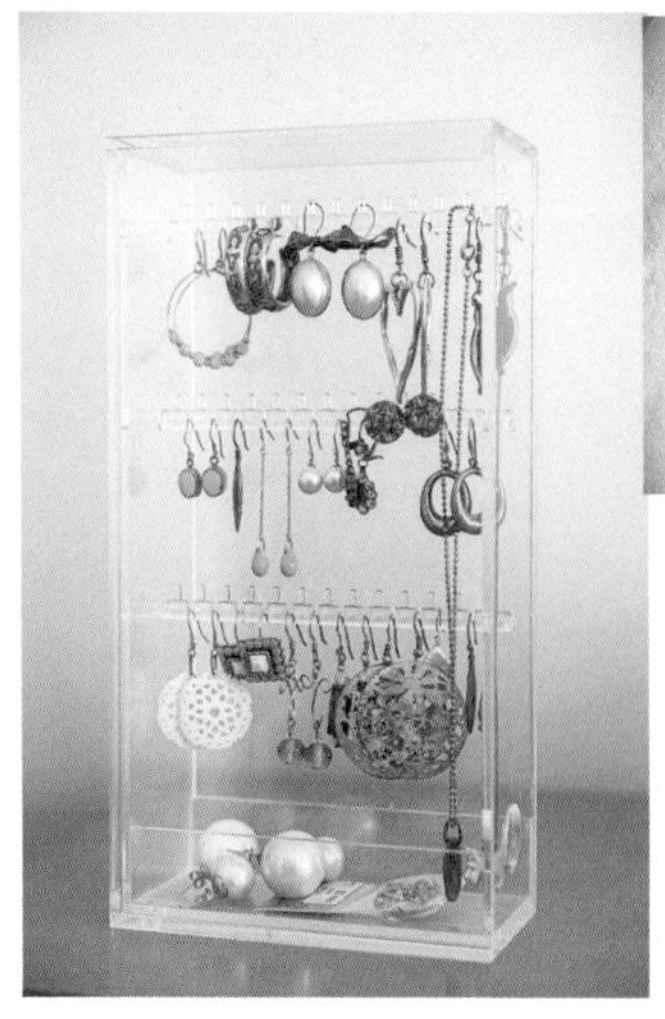

自分の中の「好き」に従う。おしゃれは私の生きがい

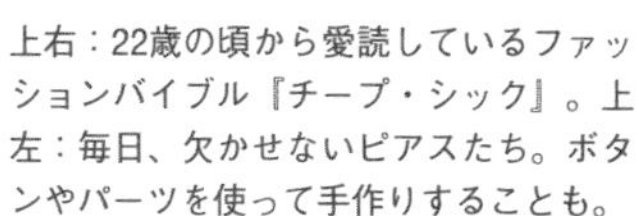

上右：22歳の頃から愛読しているファッションバイブル『チープ・シック』。上左：毎日、欠かせないピアスたち。ボタンやパーツを使って手作りすることも。

「現状把握のために、鏡をちょくちょく見るように」。外出前は姿見で全身をチェック。小物を足したり、引いたりしてバランスを調整する。

この章のイラストは、本田葉子さんによるものです。

ワイドパンツがお気に入り」

白パンツというと、気になるのが汚れですが……「汚れたら汚れたで、いい味！　漂白もしない」。なんとも本田さんらしいです。

現在は、3畳のスペースをクローゼットとして利用しています。引っ越しの際には、手持ち服を半分程に減らしました。若い頃に比べて、物欲が減ってきたかも⁉　とはいえ、本田さんにとっておしゃれは生活そのもの。ファストブランドからメンズまで、気に入ったアイテムは、足すこともします。

「ある女優さんが言っていた〝服を買うことは生きること〟に、とても共感。私にとっても、おしゃれは生きがい。1着を長く大事に着ることもいいことだけれど、洋服も新陳代謝しないと。買うことも大事。1つ買ったら、1つ処分するように。大好きなもじゃもじゃバッグは、青×緑と白を2色買い。ほんとは、黒も欲しくて悩み中」

欲しい気持ちと収納スペースの葛藤（かっとう）は、永遠のテーマです。最近は、娘とのショッピングが楽しみの1つに。自分では選ばないような服を試してみたり、トレンドを教えてもらったりしています。

№6　本田葉子さん

たっぷりあるひとり時間をとことん楽しむ

1日のスタートは、6時台の起床から。〝6時台〟という、ざっくりとした設定が本田さんらしく、6時59分に起きてもOKとします。起床後は、自宅近くに点在する野菜の無人直売所をいくつか回る、ちょこっと散歩へ。朝食は、たっぷりといただき、そのあと、洗濯や掃除などの家事、メールチェックやSNS関連を更新、仕事を済ませ、午後はお出かけ。帰宅後、18時には夕食を。夕食はビールや酎ハイのおつまみ程度に。

「ひとり分の食事なので、全部作ろうと思っていません。冷凍ギョーザや買ってきたお総菜で済ませることも。就寝までは、テレビドラマや映画を見ながら、ゆっくりお酒をたしなむのが至福の時間」

自由気ままに過ごせるひとり時間。無心になれる手芸やウクレレの練習も楽しいひとときです。手芸はピアスやネックレスなどのアクセサリー作りのほか、身近なものをリメイクしたり、チクチクとパッチワークしたり。ウクレレは、YouTubeを見ながら独学で練習中。最初はコード進行だけを

イラストはPCで描くときもあれば、手描きのときも。白いボリュームワンピースに、ハンドメイドのコットンパールピアスがお似合い。

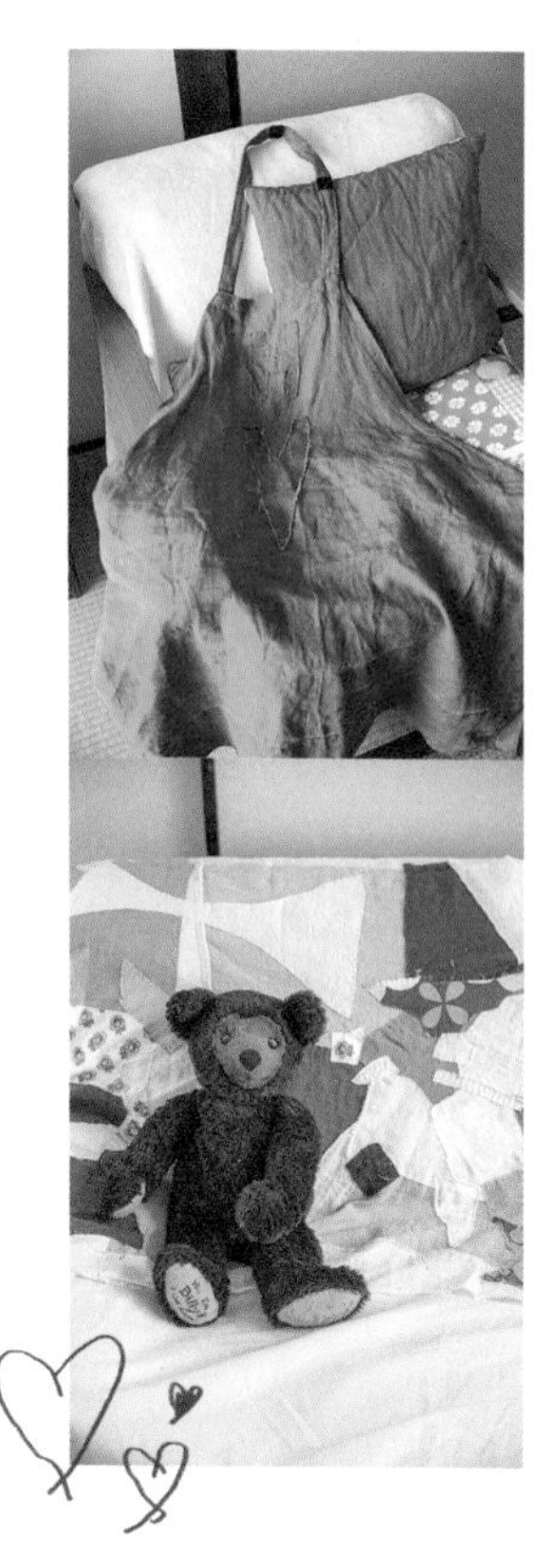

上：すぐに色を変えられるよう、何本か色鉛筆を持って描くのが本田さん流。左：1着のギャザースカートをリメイクして、110ページのスカート、クッションカバー、エプロン、ソファカバーのパッチワークに再利用。下：ウクレレのための楽譜。「コードを進行だけだと、つまらなくて。歌詞やイラストを描いたら、練習が楽しい時間に」

自分だけの ひとり時間は 好きなことを 自由に楽しむ

紙に書き出していたけれど、それだけだと譜面が地味だから「歌詞を書いてみよう」「絵も入れよう」と。その結果、見やすくて音が聴こえるようなオリジナルの楽譜が完成！　少し工夫するだけで、楽しみがどんどん増えていきます。

これからは「閉じない」自分でありたい

48年ぶりのひとり暮らしとなった今。思うことは、生活も気持ちも「閉じない」こと。

「これからも一生懸命、仕事を続けていきたいし、たくさん遊びたい。ひとり暮らしだと、会話が全くない日が続くことも。声を発しないの。だから意識的に、友人を呼ぶとか出かけるとかするように。友人を呼べば、いつもよりも念入りに部屋を掃除しよう、整えようと思うでしょう。人の出入りって大事だと思う」

そんな本田さんのおもてなし術は、実に気負わないもの。

「たとえば、自宅でランチするにしても、あれもこれも全部作るのは大変。

№6　本田葉子さん

買ってきたものでも、よしとしています。そのほうが気軽だし、友人も気兼ねなく遊びに来られるはず」

気持ちも、常に前向き。臆することなく新しいことに、どんどんチャレンジしています。5年前からSUP（スタンドアップパドル）を始め、昨年はボディボードもデビュー。今年は真鶴や新島へ行って、シュノーケリングに挑戦する予定です。さらに、自身のイラスト展の開催も決まっています。

「学生時代、ヨット部だったからか、海に入ることに躊躇があまりないの。水着も、今はレギンスみたいなタイプがあるから抵抗なし！　新しいことを始めると、緊張とワクワクがある。孤独にならないためにも、気持ちを閉じないようにしています。このあいだは、行ってみたかったライブのチケットを頑張って確保。ネットでの申し込みから受け取りまで、なんとかひとりで操作できた自分を褒めたいところ。これから年を重ねていくと、〝億劫〟がキーワードになってくると思うの。出かけることも、友人を家に呼ぶことも、着替えることも億劫がってしまうと、何もできなくなっちゃう。今まで、いろいろなものに流されて生きてきたけれど、ここだけは抗っていきたい。と言いつつ、1日中着替えずにジャージの日もあるけれど（笑）」

上・右：近所の行きつけ『燻製カフェ俺の庵』へ。友人とランチやお茶をしたり、気分転換を兼ねて、ここで仕事をすることも。下：友人を招いて、自宅でおもてなしをするのも豊かな時間。

気負わないおもてなしがお互いにとって心地いい

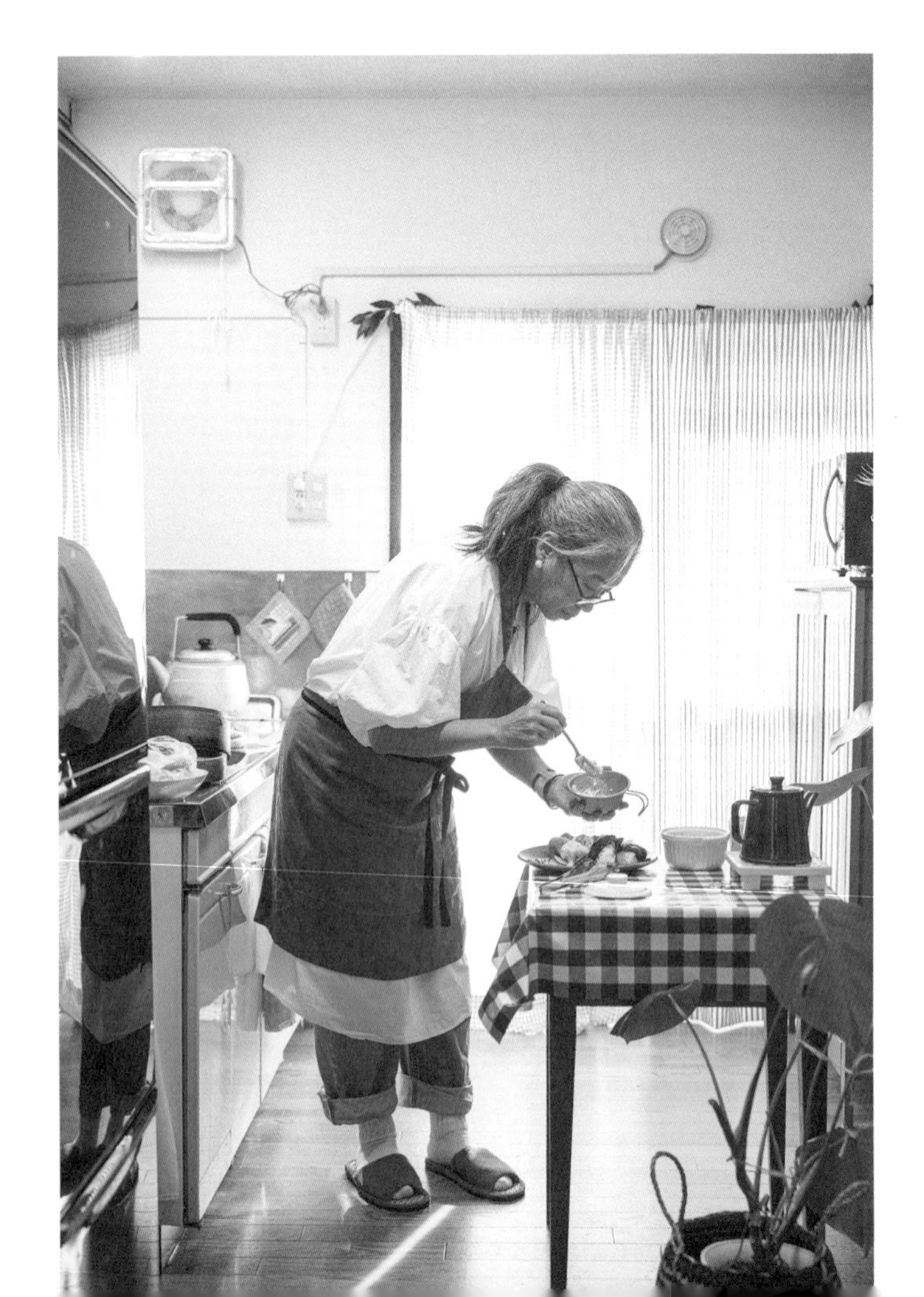

上：本日のランチはカフェで買ってきたおむすびに、セイロ蒸しした野菜を添えて。下：飲み物は水筒でサーブ。「ずっと座ったまま、おしゃべりできるから（笑）」。

デザイン：近藤みどり

撮影：鈴木真貴（浅野順子さん、大蝶恵美子さん）
山平敦史（紫苑さん、大崎博子さん、
ウリウリばあちゃん、本田葉子さん）
森本綾（大崎博子さん）

校正：東京出版サービスセンター

編集・執筆：
smile editors
石原輝美（紫苑さん）
岩越千帆（浅野順子さん、大蝶恵美子さん）
森田有希子（大崎博子さん、ウリウリばあちゃん、
本田葉子さん）

執筆：伊藤康江（smile editors／本田葉子さん）

企画：印田友紀（smile editors）

編集部担当：澤村尚生（主婦と生活社）

スマイル・エディターズ
smile editors

書籍、ムック、雑誌などのコンテンツを手がける編集プロダクション。国内外で大人のライフスタイルを取材し、話題となった書籍も多数。

編書に
『北欧のあたたかな暮らし　小さな楽しみ』

（Gakken）

『京都季節を楽しむ暮らしごと365日』

（主婦と生活社）

『パリのマダムは今日もおしゃれ』

（KADOKAWA）

『ロンドンマダムのおしゃれライフスタイル』

（マガジンハウス）

など。

http://smileeditors.net

人生後半のひとり暮らしを穏やかに楽しむ

編　者　smile editors
編集人　栃丸秀俊
発行人　倉次辰男
発行所　株式会社 主婦と生活社
〒104-8357　東京都中央区京橋3-5-7
TEL　03-5579-9611（編集部）
TEL　03-3563-5121（販売部）
TEL　03-3563-5125（生産部）
https://www.shufu.co.jp/
製版所　東京カラーフォト・プロセス株式会社
印刷所　大日本印刷株式会社
製本所　株式会社若林製本工場

ISBN978-4-391-16165-6

落丁・乱丁の場合はお取り替えいたします。

お買い求めの書店か、小社生産部までお申し出ください。